Goldgrün erblühende Wiesen

Goldgrün erblühende Wiesen

Wildblumen im Gedicht

Herausgegeben von Eberhard Scholing
Mit Illustrationen von Soyeon Starke-An

RECLAM

2021 Philipp Reclam jun. Verlag GmbH,
Siemensstraße 32, 71254 Ditzingen
Umschlaggestaltung: zero-media .net
Umschlagabbildung: © Soyeon Starke-An
Druck und buchbinderische Verarbeitung:
CPI books GmbH, Birkstraße 10, 25917 Leck
Printed in Germany 2021
RECLAM ist eine eingetragene Marke
der Philipp Reclam jun. GmbH & Co. KG, Stuttgart
ISBN 978-3-15-011334-9
www.reclam.de

Inhalt

Auf Wiesen und Weiden

An Seen und Flüssen

Betrachtung des Grases, als er spazieren ging

1. Ihr lieben Gräser ihr
   Und du, du frischer Klee,
   Verzeiht die Kühnheit mir,
   Dass ich mich untersteh
   Und wider Willen geh
   Durch eure bunte Zier.

2. Wer eure Sternen-Pracht
   Der zarten Wunder-Frucht
   Nicht würdig nimmt in Acht
   Und sie zu rühmen sucht,
   Dem wird mit Recht geflucht,
   Bis er es anders macht.

3. Den Vorrat, der der Welt
   Zuerst sollt eigen sein,
   Hat die Natur bestellt
   Durch solch Gewächs allein;
   Da musste Stock und Stein
   Nicht sehn das freie Feld.

4. Gott dachte da schon drauf,
   Eh noch der Sonnen Licht
   Und eh des Mondes Lauf
   Von ihm ward angericht;

44   Da war kein Tier noch nicht,
         Als ihr schon wuchset auf.

5.   So prangt nicht ohngefähr
     Der Erden Fruchtbarkeit,
     Die euer schönes Heer
     Lässt sein ihr Sommerkleid,
     Wenn nur der Zeiten Neid
     Nicht so darwider wär.

6.   Wiewohl, wo findet man
     Ein Ding, das ewig steht
     Und durch den Mörder-Zahn
     Der Welt nicht untergeht?
     Nichts ist so hoch erhöht,
     Es muss zuletzte dran.

7.   Ihr Gräser fallt zwar leicht,
     Wenn jetzt der strenge Nord
     Durch eure Grenzen streicht
     Aus seinem kalten Ort;
     Der Ruhm, den ihr erreicht,
     Geht doch zuletzt nicht fort.

8.   Steht, wachset, grünet doch,
     Ihr Frühlings-Kinder ihr,
     Und trotzt die Luft dennoch,
     Die euch hasst für und für;
     Verfällt schon eure Zier,
     Steigt euer Lob doch hoch.

Vorwort

»Ich, wenn ich ein Sinnbild echten Heldentums zu su-
chen hätte, ich würde die Vogelmiere statt des Kaisers
Napoleon wählen«, das schrieb der österreichische
Dichter Karl Heinrich Waggerl im Geleitwort zu dem
von Mila Lippmann-Pawlowski aquarellierten Bänd-
chen *Die schönsten Alpenblumen*. Waggerls Vogelmie-
re, ein unscheinbares, allen Stürmen und Unwettern
trotzendes Ackerwildkraut, steht sinnbildlich für ein
Heldentum ohne Glanz und Gloria – ein stilles Hel-
dentum, wie es auch die Blümchen in Erich Kästners
Epigramm *Eine Mutfrage* symbolisieren: »Wer wagt
es, / sich den donnernden Zügen entgegenzustel-
len? / Die kleinen Blumen / zwischen den Eisenbahn-
schwellen!« Und in dem Gedicht *Arm Kräutchen* von
Joachim Ringelnatz ist der »stille Held« ein kleiner
Wildsauerampfer, der verstaubt und Qualm schlu-
ckend am Bahndamm steht und über den es zum
Schluss heißt: »Sah Züge schwinden, Züge nahn. /
Der arme Sauerampfer / Sah Eisenbahn um Eisen-
bahn, / Sah niemals einen Dampfer.«

Blumen sind in der Lyrik ein weit verbreitetes Su-
jet, und die Zahl der Blumengedichte ist mittlerweile
Legion. Poetisch betrachtet werden häufig Garten-
und Kulturpflanzen, seltener hingegen Blumen, die –
wie Waggerls Vogelmiere oder Ringelnatz' Saueramp-

14 fer – ohne die pflegende Hand des Menschen auf wilder Flur gedeihen. Letztere bekommen hier nun endlich eine Bühne. Die ausgewählten Gedichte beziehen sich auf heimische Wildblumen, wobei mit »Blumen« krautige Blütenpflanzen gemeint sind (keine Sträucher wie etwa die Rosen). Die Sammlung gliedert sich in vier Kapitel, nach den vier großen natürlichen Lebensräumen (Äcker, Wiesen, Gewässer, Wälder), in denen die angesprochenen Pflänzchen typischerweise anzutreffen sind. Das heißt aber natürlich nicht, dass die eine oder andere Wildblume nicht auch in heimischen Gärten vorkommen kann, sei es als Zierpflanze, als »Unkraut« – oder als beides.

Versammelt wurden deutschsprachige Autorinnen und Autoren aller literarischen Epochen – von Enoch Gläser, einem Pastoraldichter des Barocks, bis zu Dichterinnen und Dichtern unserer Zeit wie Ulla Hahn, Reiner Kunze und Jan Wagner. Das Büchlein ist ein Geschenk für alle Lyrikfreunde wie Naturliebhaber und lädt ein zu einer poetischen Wanderung durch die Wildfluren der heimischen Blumenwelt.

Eberhard Scholing

Auf Feld und Acker

Die ganze Freundschaft weiß es ja,
Dass ich ein Unkraut bin.

Blümekens

Kleine Blüten, anspruchslose Blumen,
Waldrandschmuck und Wiesendurcheinander,
Rote, weiße, gelbe, blaue Blumen
Nahm ich im Vorbeigehn mit nach Hause.
Kamen alte, liebe Zeiten wieder:
Auf den Feldern wehten grüne Hälmchen,
Süß im Erlenbusche sang der Stieglitz,
Eine ganze Welt von Unschuld sang er
Mir und dir.

Nun, seit Jahren, ordnen deine Hände
Perlenschnur und Rosen in den Haaren.
Wie viel schöner, junge Frau, doch schmückten
Kleine Blumen dich, die einst wir pflückten,
Ich und du.

Und auch den Äckern gingen Augen auf

Und auch den Äckern gingen Augen auf.
Kornblumen, die stahlblauen, stummen,
Betrachten wie Augen der Sonne Lauf.

Ihre Farbe ist ehrfürchtig und tief.
Sie wohnen ernst auf den Ackerkrumen,
Die blaue Ruhe sie aus der Erde rief;

Der Himmel stückweis auf der Erd einzieht
Und grünende Ähren über ihm summen,
Und eine Kornblum der andern wie Aug ins Auge sieht.

Kornblumen

In der Saat viel blaue Sterne
Stehn wir leuchtend fern und nah.
Lasst uns blühn und seht uns gerne,
Denn wir sind nun einmal da!

Die uns sonst nicht leiden mochten
Unterm Korn, die schimmernd blau:
In den Erntekranz geflochten
Mögen sie doch gern uns schaun.

Zu dem Ernst nutzreicher Ähren
Fügen wir, was heiter glänzt:
Freude will Natur euch lehren,
Und sie bringt das Brot bekränzt.

GUSTAV FALKE

Das Mohnfeld

Es war einmal, ich weiß nicht wann
und weiß nicht wo. Vielleicht ein Traum.
Ich trat aus einem schwarzen Tann
an einen stillen Wiesensaum.

Und auf der stillen Wiese stand
rings Mohn bei Mohn und unbewegt,
und war bis an den fernsten Rand
der rote Teppich hingelegt.

Und auf dem roten Teppich lag,
von tausend Blumen angeblickt,
ein schöner, müder Sommertag,
im ersten Schlummer eingenickt.

Kein Hauch. Kein Laut. Ein Vogelflug
bewegte kaum die Abendluft.
Ich sah kaum, wie der Flügel schlug,
ein schwarzer Strich im Dämmerduft.

Es war einmal, ich weiß nicht wo.
Ein Traum vielleicht. Lang ist es her.
Ich seh nur noch, und immer so,
das stille, rote Blumenmeer.

Mohn

Der Mohn weht im Gelände.
Er lodert rot und groß
Und rührt an deine Hände.

Umschließ und lass ihn los,
So fällt die leichte Blende
Der Blüt in deinen Schoß.

Nicht anders gehn zu Ende
Verliebte Ach's und Oh's.

ANONYM

Unkraut

Mündlich

UNKRAUT. Wie kommt's, dass du so traurig bist,
    Und gar nicht einmal lachst?
    Ich seh dir's an den Augen an,
    Dass du geweinet hast.

GÄRTNER. Und wer ein'n stein'gen Acker hat,
    Dazu 'nen stumpfen Pflug,
    Und dessen Schatz zum Schelmen wird,
    Hat der nicht Kreuz genug?

UNKRAUT. Doch wer mit Katzen ackern will,
    Der spann die Mäus voraus,
    So geht es alles wie ein Wind,
    So fängt die Katz die Maus.

    Hab all mein Tag kein Gut getan,
    Hab's auch noch nicht im Sinn;
    Die ganze Freundschaft weiß es ja,
    Dass ich ein Unkraut bin.

Juli-Schwermut

Blumen des sommers duftet ihr noch so reich:
Ackerwinde im herben saatgeruch
Du ziehst mich nach am dorrenden geländer
Mir ward der stolzen gärten sesam fremd.

Aus dem vergessen lockst du träume: das kind
Auf keuscher scholle rastend des ährengefilds
In ernte-gluten neben nackten schnittern
Bei blanker sichel und versiegtem krug.

Schläfrig schaukelten wespen im mittagslied
Und ihm träufelten auf die gerötete stirn
Durch schwachen schutz der halme-schatten
Des mohnes blätter: breite tropfen blut.

Nichts was mir je war raubt die vergänglichkeit.
Schmachtend wie damals lieg ich in schmachtender flur
Aus mattem munde murmelt es: wie bin ich
Der blumen müd · der schönen blumen müd!

PETER HACKS

Königskerze

Königskerze stand im Haber
Wie ein Bronzekandelaber,
Sieben Arme reich verziert,
Schwärzlich grünlich patiniert.

Leuchtete mit gelben Blüten,
Die wie gelbe Flämmlein glühten,
Blätter schmückten rings ihr Bein,
Unten groß und oben klein.

Sprach die Frau des Ziegenbockes:
Dieses Ding hat was Barockes.
Ob ich heut noch Essen kriege,
Sprach der Bock zu seiner Ziege.

Der Rittersporn

Der Rittersporn
blüht blau im Korn.
Die Ritter sind verdorrt –
ihr Sporn blüht immerfort.

JOSEPH WEINHEBER

Taubnesseln

Da der große Mond
stumm und erlaucht
sein gelöstes Blond
in die Brunnen taucht:

Hebt ihr, grau bestaubt,
ihr im rauen Gewand,
hebt das feuchte Haupt
nach dem Himmelsbrand.

Ist nicht alles gleich?
Ist nicht alles tot?
Über Gräbern bleich
wogt ihr weiß und rot

und die Straße hin
in die Ewigkeit.
Eine wilde Welt,
eine schütternde Zeit
hat euch taub und dumm
an den Rand gestreut –

Und ihr schwellt und weint,
an den Rand gestreut,
wo kein Stern mehr scheint,
der den Bund erneut;

und ein Ruf geht um
in später Frist,
eine Trauer geht um,
die kein Herz ermisst:

da der große Mond
erhaben und stumm
sein gelöstes Blond
in die Brunnen gießt.

Ackerwinde

Kinderfröhlich aufgetan,
eine ganze Tüte,
duftgefüllt bis obenan,
rötlich-weiße Blüte.

Vielleicht daß zu Gast dort sind
Feen, verwunschne Seelen?
Frag die Hummeln, liebes Kind,
ob sie's dir erzählen.

ADOLF PICHLER

Die Trespe

Stolz erhob sich einst die Trespe
  Aus der jungen grünen Saat:
»Könnt ihr meinen Rang bezweifeln?
  Weizen bin ich in der Tat!«
Prahle nur, bis unbarmherzig
  Über dich der Jäter kommt,
Liegst du welkend auf der Straße,
  Hat der Platz dir nicht gefrommt.[1]

---

1 *Trespe:* grasartiges Ackerwildkraut.

Arm Kräutchen

Ein Sauerampfer auf dem Damm
Stand zwischen Bahngeleisen,
Machte vor jedem D-Zug stramm,
Sah viele Menschen reisen

Und stand verstaubt und schluckte Qualm,
Schwindsüchtig und verloren,
Ein armes Kraut, ein schwacher Halm,
Mit Augen, Herz und Ohren.

Sah Züge schwinden, Züge nahn.
Der arme Sauerampfer
Sah Eisenbahn um Eisenbahn,
Sah niemals einen Dampfer.

JOSEPH VICTOR VON SCHEFFEL

Die Distel

Traf ein Frater eine Distel
Riesig aufgeschossen an,
Ross und Reiter überragend
Stund sie blühend in dem Tann.

Frug er: »Distel, was so riesig
Stiegst du aus der Erde Schoß?«
Sprach sie: »Freund, es sind zuweiler
Auch die Esel furchtbar groß!«

Distelhäupter am Weg

So wie sich Greise ergehn beim Sonnschein abends,
so stehen
Distelhäupter am Weg. Weit glänzt ihr silbernes
Haupthaar.
Leicht mag ihnen der Tod wohl werden, wenn
nächstens das große
Sterben beginnt in Wald, auf Feldflur, Heide und
Talgrund.

Eine Mutfrage

Wer wagt es,
sich den donnernden Zügen entgegenzustellen?
Die kleinen Blumen
zwischen den Eisenbahnschwellen!

Wegwarte

Mit nackten Füßchen am Wegesrand,
Die Augen still ins Weite gewandt,
Saht ihr bei Ginster und Heide
Das Mädchen im blauen Kleide?

– Das Glück kommt nicht in mein armes Haus,
Drum stell ich mich hier an den Weg heraus;
Und kommt es zu Pferde, zu Fuße,
Ich tret ihm entgegen mit Gruße.

Es ziehen der Wanderer mancherlei
Zu Pferd, zu Fuß, zu Wagen vorbei.
– Habt ihr das Glück nicht gesehen?
Die lassen sie lachend stehen.

Der Weg wird stille, der Weg wird leer.
– So kommt denn heute das Glück nicht mehr?
Die Sonne geht rötlich nieder,
Ihr starren im Wind die Glieder.

Der Regen klatscht ihr ins Angesicht,
Sie steht noch immer, sie merkt es nicht:
– Vielleicht es ist schon gekommen,
Hat die andere Straße genommen.

36 Die Füßchen wurzeln am Boden ein,
    Zu Blumen wurde der Augen Schein,
    Sie fühlt's und fühlt's wie im Traume,
    Sie wartet am Wegessaume.

Wegewarte

Es steht eine Blume,
Wo der Wind weht den Staub,
Blau ist ihre Blüte,
Aber grau ist ihr Laub.

Ich stand an dem Wege,
Hielt auf meine Hand,
Du hast deine Augen
Von mir abgewandt.

Jetzt stehst du am Wege,
Da wehet der Wind,
Deine Augen, die blauen,
Vom Staub sind sie blind.

Da stehst du und wartest,
Dass ich komme daher,
Wegewarte, Wegewarte,
Du blühst ja nicht mehr.

Hirtentäschel

Frühling, Sommer, Herbst und Winter blüht
das Hirtentäschel, dessen Blüten der nur sieht,
der Frühling, Sommer, Herbst und Winter sich
    bemüht,
zu sehen, wie das Hirtentäschel blüht.

melde

für Volker Braun

von staub bedeckt, wie alle pilger,
am rhein entlanggewandert, an der moldau,
eben zurückgekehrt aus spanien, aus bulgar-

ien, fernost: so rastet sie am rand
von äckern und von straßen, nickt nur milde,
wenn wir vorüberrasen, unerkannt,

unkenntlich, winkt uns nach mit ihren zähen
   blättern;
geht in der landschaft auf wie im gemälde
der firnis, blüht bescheiden, blüht in schmetter-

lingen, solidarisch mit dem schutt,
nicht dem erschütterer, liebt das malade,
das brüchige: ihr staat

ist überall; von pfützen, wo die winzigen klammern
der wasserläufer die wolken halten, der mulde
voll schlamm und unkraut; von jenseits des rostigen
   hammer-

krans ruft es, von brache, schrottplatz, mülldepo-
ponie, durchs flirren eines ganzen, langen sommers,
meldet beharrlich, ungehorsamst, die melde.

LEOPOLD TRATTINNICK

Holosteum umbellatum

Die Spurre

Ein kleines Blümchen, dass Gott erbarm,
Gar unansehnlich, und bettelarm,
Ist denn das auch ein Verschen wert?
O, wohl noch mehr! Das Blümchen, hört!

Das Blümchen ist, ich beneid es fast,
Euch gar kein müßiger, schlechter Gast;
Es bringt dem Herrn sein Lebehoch,
So klein es ist, so freudig doch.

Denn, wie die Sprache der Poesie
Sich zur gemeinen verhält, und wie
Der Geist des Menschen durchs Gesicht,
Das Pflänzchen durch die Blume spricht.

Auf Wiesen und Weiden

*Ihr lieben Gräser ihr
und du, du frischer Klee*

Im Grase

Glocken und Zyanen,
Thymian und Mohn.
Ach, ein fernes Ahnen
hat das Herz davon.

Und im sanften Nachen
trägt es so dahin.
Zwischen Traum und Wachen
frag ich, wo ich bin.

Seh die Schiffe ziehen,
fühl den Wellenschlag,
weiße Wolken fliehen
durch den späten Tag –

Glocken und Zyanen,
Mohn und Thymian.
Himmlisch wehn die Fahnen
über grünem Plan:

Löwenzahn und Raden,
Klee und Rosmarin.
Lenk es, Gott, in Gnaden
nach der Heimat hin.

46 Das ist deine Stille.
    Ja, ich hör dich schon.
    Salbei und Kamille,
    Thymian und Mohn,

    und schon halb im Schlafen
    – Mohn und Thymian –
    landet sacht im Hafen
    nun der Nachen an.

Das Zittergras

Das Zittergras ahnt nichts von dir,
Das Zittergras ahnt nichts von mir:
Es zittert nicht um mich gelind,
Es zittert nicht um dich im Wind,
Wenn es am Wiesenrande steht
Und zitternd seine Rispe weht:
So wie ein Schellenbaum sich rüttelt,
Das Zittergras die Ähren schüttelt.

Gereiht daran schwebt Herz um Herz,
Wie Tropfen rieselnd erdenwärts.
Zum Trocknen sind sie aufgehängt,
Von Tränen morgenkühl durchtränkt.
Eh noch der Tag sein Aug auftat,
Ein Auge hier geweinet hat:
Und wie ein Schellenbaum sich rüttelt,
Das Zittergras die Tränen schüttelt.

Hab ich geweint, hast du geweint,
Sind andrer Tränen hier vereint?
Vielleicht tat uns das Herz nicht weh,
Vielleicht litt eine Wiesenfee,
Vielleicht ist es der Blumen Leid,
Die ahnen ihre Erntezeit:
Und wie ein Schellenbaum sich rüttelt,
Das Zittergras die Herzen schüttelt.

An die Blumen

Ihr holden Kinderchen der Wiese,
Die hin und her der Hauch des Morgens wiegt,
O beugt euch sanft zum Lager, wenn Elise
Sich hier an meine Seite schmiegt!
Doch, liebe Blümchen, nur geschwinde
Erhebt euch wieder auf der Flur,
Dass kein Verräter je die Spur
Von unsrer Liebe finde.

Der Löwenzahn

Die weiße Kugel
des Löwenzahns
hat winzige Zähne
aus Hauch

Vielfach versponnen
locker geschlossen
die spinnfeinen Fäden
bleiben beisammen
in ihrem duftigen Bau
aus Fühlern Ordnung und Luft

Wenn nicht der Wind
in sie fährt
bleibt die
empfindlichste Blume
unvermehrt

RICHARD DEHMEL

Puhstemuhme

Krause, krause Muhme,
alte Butterblume,
Puhsterchen, nanu?
wo hast du denn dein Hütchen,
dein gelbes Federschütchen,
worauf wartest du?

Warte aufs Kindchen,
auf ein lieb Mündchen,
ich alte griese
Trauerliese,
puh, puh, puh.
Ach bitte, puhst mich doch
rasch in den Himmel hoch;
tausend kleine Nackedeis
spielen da im Gras,
tausend kleine Nackedeis
lachen sich da was!

Primula veris

Goldne Himmelsschlüsselchen
Erschließt den Blumenhimmel jetzt!
Mit taugefüllten Schüsselchen
Werde der Frühlingstisch besetzt!

Mit taugefüllten Schüsselchen
Ist besetzet der Frühlingstisch;
Bienen tauchen die Rüsselchen
In das saftige Duftgemisch.

Wie die Bien ihr Rüsselchen,
Tauch ich mein Herz in Liebesduft;
Goldne Himmelsschlüsselchen,
Schließet mir auf der Liebe Gruft!

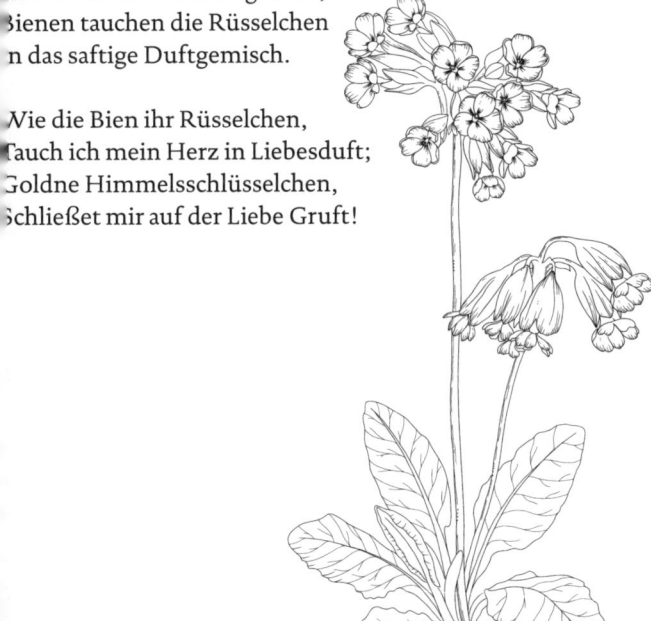

KARL GEROK

Herrgottsbrot

(Rotblühender Klee)

Herrgottsbrot, Herrgottsbrot,
Blühst im Klee so rund und rot;
Manna wächst auf allen Fluren
Für viel tausend Kreaturen,
   Keine leidet Hungersnot.

Bienchen irrt, Mückchen schwirrt,
Bis da satt ein jedes wird,
Falter, der im Felde gaukelt,
Käfer, der am Halme schaukelt,
   Jedes zecht bei seinem Wirt.

Kindelein, greif nur drein,
Dein auch soll dies Blümchen sein,
Lässt dich aus verborgnen Flaschen
Honig schlürfen, Zucker naschen,
   Gelt, das schmeckt so wunderfein?

Herrgottsbrot, Herrgottsbrot,
Nein da hat es keine Not,
Manna wächst auf allen Fluren
Für viel tausend Kreaturen,
   Das der Herrgott selber bot!

Schaumkraut

Wenn der Sommerwind durch die
Schaumkrautwiesen fließt kann der Verstand
ihm nicht folgen. Windstärken
kann er messen aber weiß er
was Sommerwind ist?
Schaumkraut kann er bestimmen aber
eine Schaumkrautwiese berechnen?
Hilflos erstarrt er wenn
in Natur und Kunst beides zusammenfließt
Du glaubst zu verstehn? Dann glaub
ja nicht das sei von Interesse. Niemand
ist am Wesen der Dinge interessiert
Und der Wind jagt dem Verstand in langen Sätzen
    davon.

Margerite

Du standst vor einem Blumenglas am Fenster
und legtest deine Hand
mit einer schönen
unendlich gütigen Bewegung
um eine Margerite,
ihr von unten her
den Blätterkreis mit der
gekrümmten Hand
verengend
und sie mit einem Seufzer –
mir wenigstens erschien es so –
und voller Liebe anblickend,
dass ich empfand,
dass zwischen dir und jener Blume sich
Geheimnis stiller Zwiesprache
verberge. –
Und wie ich heute selbst
das gleiche Spiel,
mein selber lächelnd, treibe
und ›mit Schmerzen‹ ende, –
lächle ich nicht mehr –
und denke jenes Abends an dem Fenster
und jener traurig-gütigen Gebärde.

HEINZ ERHARDT

Gänseblümchen

Ein Gänseblümchen liebte sehr
ein zweites gegenüber,
drum rief's: »Ich schicke mit 'nem Gruß
dir eine Biene rüber!«

Da rief das andere: »Du weißt,
ich liebe dich nicht minder,
doch mit der Biene, das lass sein,
sonst kriegen wir noch Kinder!«

Das Marienblümchen

Es blüht ein schönes Blümelein,
Das blüht auf grünen Auen,
Von innen und von außen fein,
Gar lieblich anzuschauen,
Bald bunt, bald rot, und bald schneeweiß,
Ist es des Lenzes frühster Preis,
Des Herbstes letzte Freude.

Die kleinen Kinder, die es sehn,
Die klatschen in die Hände,
Und schmeicheln: *Gänseblümchen schön!*
O Tausendschön ohn' Ende;
Sie winden es in jeden Kranz,
Sie treten drauf bei jedem Tanz:
Das süße Tausendschönchen!

Die holden Jungfraun, die es sehn,
Sie rufen: *Sieh! Zeitlosen!*
Sie können nicht vorübergehn,
Und müssen mit ihm kosen.
Das Blümlein ist der Jugend Bild,
Die noch in tausend Farben spielt –
O bunte Blumenjugend!

58 Und sieht es ein verliebtes Herz
    Auf grünem Anger prangen,
    So fühlt es sich von süßem Schmerz
    Und süßer Lust gefangen:
    Maaßliebe, ruft es, her zu mir!
    Und lehre mich der Jugend Zier
    In Freude rein bewahren.

    Und sieht es eine fromme Frau,
    Sie nennt's *Marienblümchen*
    Und herzt es: *schönstes Kind der Au*
    Und *kleines Gottesmühmchen!*
    Und betet zu dem Sternenglanz:
    Lass mich, o Gott, im Engelkranz
    So still demütig stehen!

    So blüht das schöne Blümelein,
    Das viele Namen träget
    Und in der Demut stillem Schein
    So hohe Wunder heget.
    Du, der das Blümlein schön gemacht,
    Nimm deine Kindlein all in Acht,
    Dass sie so lieblich blühen.

Männertreu

Es ging einmal ein Wind,
Ei, ging einmal ein Wind;
Er ging wohl über Stock und Stein,
Und fand ein blaues Blümelein,
Das bracht er mir geschwind.

Und das heißt Ehrenpreis,
Ei, das heißt Ehrenpreis;
Es blüht nicht für die Ewigkeit,
Es blüht bloß eine kurze Zeit,
Dann ist es welk und weiß.

Es heißt auch Männertreu,
Ei, heißt auch Männertreu;
Mein Schatz, der mich so viel geküsst,
Ich weiß nicht, wo er blieben ist,
Das Lieben ist vorbei.

Herbstzeitlosen

Auf Weg und Wiesen äugende Lacken.
Wolkengewalten mit blitzenden Zacken
Ziehn im Getümpel und glosen.
Auf der Straße vor mir liegen Herbstzeitlosen.
Kinder, die hier vorübersprangen
Haben den Strauß verloren.
Nun winden sich still verendende Schlangen,
Schlangen, schnell und eitel geboren,
Milchig mit lila züngelndem Rachen.
Wie die Schön-Gefährlichen sterben,
Ist ihnen Macht verliehn. Es färben
Die Wolken sich lila und lila giftig die Lachen.

Die Zeitlose

Auf frisch gemähtem Weideplatz
Steht einsam die Zeitlose,
Den Leib von einer Lilie,
Die Farb von einer Rose.

Und es ist Gift, was aus dem Kelch,
Dem reinen, blinkt so rötlich;
Die letzte Blum, die letzte Lieb
Sind beide schön, doch tödlich.

Der Steinbrech

Der Steinbrech bricht durchs nackte Felsgestein,
die Blätter schmal, die Blüten winzig fein;
so tut die Jugend und ergibt sich nicht
und zwängt sich durch den kleinsten Spalt zum Licht.

Der Steinbrech wächst und streckt sich allezeit,
wo keine andre Pflanze sonst gedeiht;
so tut die Jugend und verzweifelt nie,
ist es auch kahl und öde rings um sie.

Der Steinbrech braucht nicht viel, ein Tröpfchen Tau,
den Schrei des Bussards und des Himmels Blau;
so tut die Jugend und sie fordert nur,
was Gott verweigert keiner Kreatur.

Der Steinbrech pflückt ein jeder, der da will,
die Jugend trägt ihn unterm Aufschlag still;
sie trägt ihn treu, wächst zäh gleich ihm heran,
bis frei im Land ihn jeder tragen kann.

Enzianblüte

Du stehst von Sommerfreude trunken
Im seligen Licht und atmest kaum,
Der Himmel scheint in deinen Kelch versunken,
Die Lüfte wehn in deinem Flaum.

Und wenn sie alle Schuld und Pein
Von meiner Seele könnten wehen,
So dürft ich wohl dein Bruder sein
Und stille Tage bei dir stehen.

So wäre meinen Weltenfahrten
Ein selig leichtes Ziel ersehn,
Gleich dir durch Gottes Träumegarten
Als blauer Sommertraum zu gehn.

ANNA MARIA ACHENRAINER

Berganemonen

Sternher weht ein eisiger Firnwind! Dunkel
kreist die Nacht voll Ewigem. O ihr Träume!
Rauhreif brennt im silbernen Antlitz euch, o
Lotos der Heimat!

Gleich dem Wandrer abseits im Dickicht ängstigt,
zwingt uns nieder furchtbar die Stunde, erdwärts,
tiefer, quälend, zweifelnd, hinab. Ihr aber, Schwestern
himmlischer Hoffnung,

lichtumflossne über dem Talgrund, Wunder-
same, weist uns wieder die Wege! Ach, von
Tränen feucht, ihr Zärtlichen, grüßen eure
Augen uns liebend.

Wer euch fand im taufrischen Morgen, frühe
Sonnenboten, heitre im Aufbruch: höchste
Schönheit schenkt ihm eure Berührung, groß den
Sinn aller Stille!

Die Bergblumen

Ihr mit Narzissen besäten
Wiesen an Ache und Traun,
Ihr mit den Lampen der späten
Zeitlosen herbstlich zu schaun,
Ihr mit den Primeln, den lichten,
Unübersehbar geschmückt,
Ihr seid in hellen Gedichten
Lieblich dem Dunkel entrückt.

Hänge in steinernen Tauern,
Feurig im Almrausch entflammt,
Unter den Felsenschauern
Kohlröschen, glänzend wie Samt,
Lila Zyklamen in Schluchten,
Trollblumen an den Seen,
Und wo die Berge sich buchten,
Duftende Orchideen.

Goldgrün erblühende Wiesen,
Glocken und Sterne bunt,
Blüten, smaragden, türkisen,
Leinkraut und Türkenbund,

Fackeltragende Sippen,
Germer auf Glimmer und Gneis,
Und an verlorenen Klippen
Silbern das Edelweiß.

Sieh, wie noch aus den Karen
Leuchtend ein Stern entbricht,
Wie mit wehenden Haaren
Gräser blühen im Licht –
Ihr aus dem Blumengeschlechte,
Wachsend aus Stein und Erz,
Unterirdische Mächte
Künden in euch ihr Herz.

An Seen und Flüssen

In dem Teiche wachsen Blumen,
Silbern, wie verwunschne Schwäne

Die Wasser-Linsen

Den Garten nun umschränkt ein Graben, dessen Schoß
Umgeben war mit schwanken Binsen,
Mit feinem Klee und reinem Moos.
Man sieht mit süßer Lust, wie auf der klaren Flut
Ein wunderbar Geweb in glatter Stille ruht
Von lieblich-grünen Wasser-Linsen.
In Welschland weiß die Kunst von raren kleinen Steinen
Manch künstlich Werk musaisch zu vereinen,
Dass es geschildert scheint. Doch ist es nur ein Schatten
Bei dieser Nettigkeit. Es tut den Augen wohl,
Wenn diese Blätterchen, wovon die Flut so voll,
In solcher Lieblichkeit sich gatten,
Dass es gewebet scheint. Es füget sich so fest,
Dass es an manchem Ort nicht anders lässt,
Als wie ein grünes Eis, worauf man mit Vergnügen
Bald klein Gewürm, bald kleine Fliegen
Vergnüglich glitschen sieht. Die Tierchen stellen mir,
Da sie so unbesorgt auf hohle Tiefen laufen,
Die Bürger dieser Welt, die auch mit Haufen
Auf grüner Erde gehen, für;
Indem sie beide nicht auf das, was unter ihnen,
Wie tief die Tiefen gleich, gedenken,
Und nur auf ihre Fläch im Grünen,
Die auf den Vorwurf bloß erpichte Blicke lenken.

70 Der Wasser-Linsen hell- und gelbichts Grün
Gibt, in der Sommers-Zeit,
Und wenn es schwül zumal
In einer Landschaft fast die schönste Lieblichkeit,
Wann sonderlich der helle Sonnen-Strahl
Die glatte Fläche trifft, da oft die feuchten Spitzen,
Recht wie ein grünes Erz, das eckigt, lieblich blitzen.
Oft scheint die grüne nasse Glätte,
Als ob man Silber-Staub darauf gestreuet hätte:
So lieblich glänzt dies Schimmer-reiche Grün.

Die Wasserfäden

Aus dem Zyklus »Der Weiher«

Neid uns! neid uns! lass die Zweige hangen,
Nicht weil flüssigen Kristall wir trinken,
Neben uns des Himmels Sterne blinken,
Sonne sich in unserm Netz gefangen –
Nein, des Teiches Blutsverwandte, fest
Hält er all uns an die Brust gepresst,
Und wir bohren unsre feinen Ranken
In das Herz ihm, wie ein liebend Weib,
Dringen Adern gleich durch seinen Leib,
Dämmern auf wie seines Traums Gedanken;
Wer uns kennt, der nennt uns lieb und treu,
Und die Schmerle birgt in unsrer Hut
Und die Karpfenmutter ihre Brut;
Welle mag in unserm Schleier kosen;
Uns nur traut die holde Wasserfey,
Sie, die Schöne, lieblicher als Rosen.
Schleuß, Trifolium, die Glocken auf,
Kurz dein Tag, doch königlich sein Lauf![2]

---

2 *Trifolium:* Menyanthes trifoliata, Fieberklee.

Schilfrohr

Es braust der Wind am Fluss entlang
Und biegt das Schilf auf seinem Gang.
Das lange Schilfrohr saust gewiegt
Und streckt sich, als ob es im Geiste fliegt.
Sieht aus, als ob's gewandert wär
Und ging hinter Fluss und Wind einher.
Es schwätzt und zischelt und berichtet
Geschichten, die es aus Luft sich dichtet.
Und, fortgerissen vom eigenen Wort,
Steht's leidenschaftlich am Ufer dort,
Hoch aufgeschlossen Speer bei Speer
Wie der hastigen Wünsche schwankes Heer.
Es rasselt im Wind, als möcht es fliehn
Und unglücklich wie ein verliebtes Kind
Und gedankenlos durch die Lüfte ziehn.

Am Schilfe

Mir kommt es vor bisweilen,
Dort an dem Schilf,
Als hört ich's leis sich teilen
Und lispeln: hilf!

Ich kann es nicht verstehen,
Ob es mich täuscht,
Die Winde drüber gehen,
Der Reiher kreischt.

Wollt nie mir Binsen schneiden
Als Kind am Teich,
Als müsste was erleiden
Den Todesstreich.

Es war als wie ein Grinsen
Und ein Genick
Der langen schwarzen Binsen –
Ich floh zurück.

Und doch fand ich mich gerne
Und wieder ein,
Als könnte was nicht ferne
Verborgen sein –

74 Als müsst ich noch erfassen,
    Was es mir wollt,
    Als ob ich's nicht verlassen
    Im Leide sollt.

Die stille Wasserrose

Aus dem Zyklus »Lieder als Intermezzo«

Die stille Wasserrose
Steigt aus dem blauen See,
Die feuchten Blätter zittern,
Der Kelch ist weiß wie Schnee.

Da gießt der Mond vom Himmel
All seinen goldnen Schein,
Gießt alle seine Strahlen
In ihren Schoß hinein.

Im Wasser um die Blume
Kreiset ein weißer Schwan;
Er singt so süß, so leise
Und schaut die Blume an.

Er singt so süß, so leise
Und will im Singen vergehn –
O Blume, weiße Blume,
Kannst du das Lied verstehn?[3]

---

3 *Wasserrose:* volkstümlicher Name für die Weiße Seerose.

Die schlanke Wasserlilje

Aus der Sammlung »Neuer Frühling«

Die schlanke Wasserlilje
Schaut träumend empor aus dem See;
Da grüßt der Mond herunter
Mit lichtem Liebesweh.

Verschämt senkt sie das Köpfchen
Wieder hinab zu den Welln –
Da sieht sie zu ihren Füßen
Den armen blassen Geselln.[4]

4 *Wasserlilie:* volkstümlicher Name für die Weiße Seerose.

Aus dem Frühlingsalbum des Botanikers

Nuphar lutea

Farbig prunket die Erd, unfruchtbar schilt sie die
    Wasser:
Siehe, da sendet der Teich goldene Kelche herauf,
Welche geheimnisvoll auf dem Spiegel sich wiegen
    und mahnen:
»Prahl nicht, Erde, dich selbst zeugte die heilige Flut.«[5]

---

5 *Nuphar lutea:* Gelbe Teichrose.

Aus der Sammlung »Wilde Rosen«

In dem Teiche wachsen Blumen,
   Silbern, wie verwunschne Schwäne,
Schwimmen mit dem blassen Antlitz
   Sehnsuchtsvoll um Schifferkähne.

Wurzeln nicht im festen Boden,
   Wurzeln bloß in feuchten Wellen,
Wie sie auch das Haupt, das klare,
   Gerne zu dem Strand gesellen.

Und so sollst du meine Lieder
   Nur als Wasserblume wähnen,
Weil sie leben nur in Zähren,
   Weil sie wurzeln nur in Tränen!

Sonnenthau. Drosera rotundifolia

Wenn jemals sich Dein Fuß verlor,
Der schwankend Dich getragen,
Hinaus aufs schwarze, düstre Moor,
An sonnenheitern Tagen.
So siehst Du auf der toten Au
Mit sehnendem Verlangen,
Als Blumenstern den Sonnenthau
Auf Schutt und Moder prangen.
So wird das Leben wunderbar
Sich überall gestalten,
Und über Schutt und Totenbahr
Das Banner siegreich halten.

Die Sumpfdotterblume

Sumpfdotterblume, Butterblume,
in ihrer feuchten Wiesenkrume.
Sie frisst kein Schaf, sie frisst kein Rind,
doch pflücken kann sie jedes Kind,
traut es sich nur ins nasse Gras,
denn Schuh und Strümpfe werden nass.

AUGUST VON PLATEN

Aus der Sammlung »Ghaselen«

Im Wasser wogt die Lilie, die blanke, hin und her,
Doch irrst du, Freund, sobald du sagst, sie schwanke
   hin und her!
Es wurzelt ja so fest ihr Fuß im tiefen Meeresgrund,
Ihr Haupt nur wiegt ein lieblicher Gedanke hin und
   her![6]

6 *Lilie:* volkstümlicher Name für die Weiße Seerose.

CARL ALBERT LANGE

Strandhafer

Strandhafer, einen Zirkel
rillt er sich in den Sand,
er ist's, der schattenwerfend
die Sonnenuhr erfand.

GUSTAV FALKE

Stranddistel

Das Fräulein ging am Meeresstrand
durch weißen, bleichen Sand, bis rot
ein schüchtern Blümchen sich ihr bot,
sie brach's und warf es aus der Hand.

Und bückte nach der Distel sich,
die rau und grau daneben stand.
Die trotzte ihrer kleinen Hand
und wehrte sich mit scharfem Stich.

Sie brach sie doch und ging und sang
ein müdes Lied mit müdem Mund,
das überm abendschwarzen Sund
im Wind verwehte und verklang.

AUGUST HEINRICH HOFFMANN
VON FALLERSLEBEN

Aus dem Zyklus »Heimliche Liebe«

Der Halm, der auf der Düne steht,
Wird auch vom Morgentau erquickt,
Wird auch vom Frühlingswind umweht
Und von der Sonne angeblickt.

Herz, fühltest du dich mehr allein
Als dort der Halm im Dünensand,
Verloren kannst du nimmer sein,
Du ruhest auch in Gottes Hand.

Und wenn, was Gott erschaffen hat,
Dich auch nicht höret, dich nicht sieht,
Nichts dir auf Erden liebend naht –
Gott kennt dein Sehnen, hört dein Lied.

In Wäldern und Büschen

Wie schön, dass man den Wald nicht jätet

Gefunden

Ich ging im Walde
So für mich hin,
Und nichts zu suchen
Das war mein Sinn.

Im Schatten sah ich
Ein Blümchen stehn,
Wie Sterne leuchtend,
Wie Äuglein schön.

Ich wollt es brechen;
Da sagt' es fein:
Soll ich zum Welken
Gebrochen sein?

Ich grub's mit allen
Den Würzlein aus,
Zum Garten trug ich's
Am hübschen Haus.

Und pflanzt es wieder
Am stillen Ort;
Nun zweigt es immer
Und blüht so fort.

FRIDOLIN HOFER

Waldmeister

Waldmeisterlein, Waldmeister,
in grünen Schleiern feierlich
umschweben und umweben dich
des Waldes gute Geister.

Liebmütterlich geborgen,
trägst du dein Silberkrönlein klar
wie eine Braut im seidnen Haar
den Kranz am Hochzeitmorgen.

Sieh, aller Würzen Frische
sogst du in dich aus dunklem Grund,
und selig haucht dein Blütenmund
in jede Rankennische.

Waldmeisterlein, Waldmeister,
in grünen Schleiern feierlich
umschweben und umweben dich
des Waldes gute Geister.

Primula!

Als ich Dich heut erblühen sah
Auf dunklem Waldesgrunde,
Du kleine, leuchtende Primula,
Wie ward mir wonnige Kunde
Vom König Lenz mit der Blumenkron!
Im süßen Kusse hing er schon
An Deinem duftigen Munde!

Anemone

Erschütterer –: Anemone,
die Erde ist kalt, ist nichts,
da murmelt deine Krone
ein Wort des Glaubens, des Lichts.

Der Erde ohne Güte,
der nur die Macht gerät,
ward deine leise Blüte
so schweigend hingesät.

Erschütterer –: Anemone,
du trägst den Glauben, das Licht,
den einst der Sommer als Krone
aus großen Blüten flicht.

Aus dem Zyklus »Sonette an Orpheus II«

Blumenmuskel, der der Anemone
Wiesenmorgen nach und nach erschließt,
bis in ihren Schoß das polyphone
Licht der lauten Himmel sich ergießt,

in den stillen Blütenstern gespannter
Muskel des unendlichen Empfangs,
manchmal *so* von Fülle übermannter,
dass der Ruhewink des Untergangs

kaum vermag die weitzurückgeschnellten
Blätterränder dir zurückzugeben:
du, Entschluss und Kraft von *wie*viel Welten!

Wir, Gewaltsamen, wir währen länger.
Aber *wann*, in welchem aller Leben,
sind wir endlich offen und Empfänger?

Märzglöckchen

(Leucojum vernum)

Kaum ist es an sonnigen Rainen getaut,
Hast, Märzglöckchen, du aus dem Schnee
       schon geschaut.
Von Ostara bist du am frühsten gesandt,
Ihr Kommen zu künden durchs harrende Land.

Ich grüße dich, Blümchen in schneeigem Kleid!
Vergessen ist Winter und eisige Zeit;
Und Starengezwitscher und Lerchengesang
Begrüßen dich jubelnd am Waldeshang.

Du bist mir ein Bürge für grünende Mai'n,
Nun läute den wonnigen Frühling nur ein!
Es harren die Schwestern, o lass dich erflehn!
Bring ihnen die Kunde vom Auferstehn!

Reime zu einem Maistrauß

Wie schön, dass man den Wald nicht jätet,
Und nichts verfrüht ist, nichts verspätet.

Die Düfte, die sich in ihm mengen,
Sind weitenahnungsstark im Engen.

Der Strauß vom Berge bringt die Zeichen,
Dass wir die Freiheit einst erreichen:

Durch Wachstum weiter wachsend ringen,
Zur Symphonie der Sphären dringen.

Immergrün

Stehst mit deinem grünen Schmucke
  Ja so ganz allein,
  Musst gewiss recht traurig fühlen
  Ohne Sonnenschein.

Blumen schlafen doch schon lange,
  Gingen müd zur Ruh;
  Für dich gibt es keinen Schlummer,
  Ewig grünest du.

Doch die kleinen blauen Blumen,
  Die so lieblich blühn,
  Lässt auch du im Winter fallen,
  Holdes Immergrün!

Blumen kannst du doch nur tragen
  Wenn die Sonne glüht,
  Wenn der Mai so freundlich lächelt
  Und die Rose blüht.

Trauern musst auch du im Winter,
  Schlafen kannst du nicht;
  Doch auch du siehst gern der Sonne
  Goldnes Angesicht.

98 Du wirfst ja das Kleid der Trauer
        Auch im Frühling hin,
        Deine Blätter werden grüner.
        Zartes Immergrün!

Akelei

Um der Frühlingszeit Verscheiden,
Unter Blumen mancherlei,
  Auf den Weiden
Blühst du schön und frank und frei,
  Akelei!

Sommerschwül ist's und im Walde
Hört man nur des Kuckucks Schrei;
  Ach, wie balde
Starb dahin der holde Mai!
  Akelei!

Durch die Forstung ohn Ermüden
Pirscht dahin die Jägerei,
  Ross und Rüden
Ruft der Hörnerklang herbei,
  Akelei!

Nach der Quelle dunklem Glanze
Beugt der Hirsch sein Prachtgeweih,
  Doch die Lanze
Bohrt sein lechzend Herz entzwei.
  Akelei!

Dunkle Tropfen Blutes rannen,
Eine Blume stand dabei,
   Um die Tannen
Schwang sich hoch der kühne Weih.
   Akelei!

Aber draußen vor dem Walde
Singen Hirten zur Schalmei:
   Ach, wie balde
Starb dahin der holde Mai.
   Akelei!

Der Blumenfreund

Ich liebe die flammende Rose nicht,
Sie glüht zu minneheiß;
Die stolze Lilie in ihrer Pracht
Ist mir zu unschuldsweiß.

Die Rose mit ihren Dornen all
Ist ein gefährlich Ding; –
Die Lilie buhlt heimlich Tag und Nacht
Mit jedem Schmetterling.

Ich liebe den roten Fingerhut,
Der trägt nicht falschen Schein:
Er schaut bei all seiner Farbenpracht
Doch immer giftig drein!

Ich liebe den roten Fingerhut,
Und wenn ich ihn erschau,
So denk ich immer wehmutsvoll
An meine selige Frau.

Scharbockskraut

Gott schuf das Scharbockskraut. Indessen,
den Bock dazu hat er vergessen,
weshalb das Kraut zwar grünt und sprießt,
jedoch vergebens,
weil niemand kommt, der es genießt.
(Ein Inbegriff verfehlten Lebens.)

Das Blümlein Rührmichnichtan

Zum Walde wandl ich, wo aus der Ruine
Der Klause sprießt die wilde Balsamine.

Da grüßt mich fremd ein scheues, früchtegelbes
Rührmichnichtan aus Trümmern des Gewölbes.

Aus ihm heraus hör ich den Alten sprechen:
»Rührt mich nicht an, Ihr Neuerer, ihr frechen!«

»O rühret nicht an der Gelübde Fessel,
Rührt uns nicht an!«, warnt dort die Waldesnessel.

O stört uns nicht in unsrer Totenhalle,
Lasst toben eure Welt hinab zum Falle!

Erstanden nun als Blumen neu hinieden,
O stört uns nicht in unsrem Blumenfrieden![7]

---

7 *Rührmichnichtan:* Großes Springkraut.

An ein Veilchen

Birg, o Veilchen, in deinem blauen Kelche,
Birg die Tränen der Wehmut, bis mein Liebchen
Diese Quelle besucht. Entpflückt die Schöne
Dich dem Rasen, die Brust mit dir zu schmücken,
O dann schmiege dich an ihr Herz, und sag ihr,
Dass die Tropfen, in deinem blauen Kelche,
Aus der Seele des treusten Jünglings flossen,
Der sein Leben verweinet, und den Tod wünscht.

Veilchen

In der Stille
Von Blättern, den grünen,
In ferner Hülle
Wir Blumen dienen.
Wagen's nicht uns aufrecht zu stellen,
Fürchten die Sonnenblicke, die hellen.
Gras unsre Geschwister,
Über uns Buschgeflüster:
Im einsamen Tal
Gedeihn wir zumal.

WILHELM LEHMANN

Schattenblume

Abendrotes Ohrgehänge,
Kugelfrucht der Schattenblume,
Reicht der gelbe Blätterzwilling
Dem Gewesenen zum Ruhme.

Unter dem gekühlten Himmel
Daß der Drachen steige, steige?
Rübe türmt sich in der Scheuer –
Daß Erwartung endlich schweige.

Halbmond wird dem letzten Blick
Letztes Dunkel leise spalten,
Grünen Glanzes Ginsterbusch
Über mir die Fahne halten.

Zyklamen

Langer Regen fällt
auf die Buchen her.
Von dem Moos auf riecht
schwarze Erde schwer;
und der Feuersalamander kriecht
unterm Lattichgezelt.

Aus der Finster bricht
ein geheimer Schein;
was die Furcht ersann,
will mir gnädig sein:
Und ein tiefstes Auge schaut mich an
wie der Glaube ans Licht.

O du Todbewusst!
Nur ein leiser Schritt,
und uns reißt das Jahr
in sein Dunkel mit –
Hoch und fern der Stern geht unsichtbar
durch den weiten August.[8]

8 *Zyklamen:* Cyklamen, Europäisches Alpenveilchen

Auf eine Belladonna

Belladonna, du stehst hier mitten zwischen
        den Dornen,
  Darum zertret ich dich nicht, grüne und
        blühe nur fort!
Jene halten ja Wache und wehren dem lüsternen
        Kinde,
  Wie es die Dolde auch lockt, wie es die Beere
        auch reizt.[9]

9 *Belladonna*: Atropa bella-donna, Tollkirsche.

Der Knabe und das Vergismeinnicht

DER KNABE O Blümelein Vergismeinnicht!
  Entzieh dich meinem Auge nicht.
  Ihr, Veilchen! Nelken! Rosen!
  Auf euch verweilt der Sonne Licht
  Als wollt es mit euch kosen;
  Doch wenn die Sonne tiefer sinkt
  Wenn Nacht die Farben all verschlingt
  Da reden süße Düfte
  Von eurem stillen Leben mir
  Und die vertrauten Lüfte
  Die bringen eure Grüße mir
  Doch ach! Vergismeinnicht von Dir
  Bringt nichts, bringt nichts mir Kunde.
  Sag Blümlein lebst dem Aug du nur
  Flieht mit den Farben jede Spur
  Mir hin von deinem Leben?
  Hast keine Stimm die zu mir spricht
  Wenn Schatten dich umgeben?

VERGISMEINNICHT Die Stimme ach Süßer! die hab
  ich nicht
  Doch trag ich den Namen Vergismeinnicht,
  Der wenn ich auch schweige, dem Herzen spricht.

Meine Blume

Sei gegrüßet, kleine Blume,
Blume der Vollkommenheit,
Die die Heiligen und Weisen
Namlos preisen;
Denn des Herzens schönste Zier
Wohnt in Dir.

Nicht auf Höhn, im stillen Tale
Blühest Du, am frischen Quell,
Zeigst des weiten Himmels Bläue,
Reine Treue,
Und in ihr der Sonne Gold,
Mild und hold.

Fragst Du mich, wie heißt die Blume,
Die den hohen Schmuck uns zeigt:
Sonnenglut und Himmelsbläue,
Lieb und Treue?
Nimm hier dies *Vergissmeinnicht*,
Treu und Licht.

Blümlein Vergißmein

Was treibt mich jeden Morgen
So tief ins Holz hinein?
Was frommt mir, mich zu bergen
Im unbelauschten Hain?

Es blüht auf allen Fluren
Blümlein *Vergiß mein nicht*,
Es schaut vom heitern Himmel
Herab in blauem Licht.

Und soll ich's niedertreten,
Bebt mir der Fuß zurück,
Es fleht aus jedem Kelche
Ein wohlbekannter Blick.

Weißt du, in welchem Garten
Blümlein *Vergiß mein* steht?
Das Blümlein muss ich suchen,
Wie auch die Straße geht.

's ist nicht für Mädchenbusen,
So schön sieht es nicht aus:
Schwarz, schwarz ist seine Farbe,
Es passt in keinen Strauß.

Hat keine grüne Blätter,
Hat keinen Blütenduft,
Es windet sich am Boden
In nächtig dumpfer Luft.

Wächst auch an einem Ufer,
Doch unten fließt kein Bach,
Und willst das Blümlein pflücken,
Dich zieht der Abgrund nach.

Das ist der rechte Garten,
Ein schwarzer, schwarzer Flor:
Darauf magst du dich betten –
Schleuß zu das Gartentor!

Verzeichnis der Autorinnen und Autoren, Gedichte und Druckvorlagen

Alle mit einem * gekennzeichneten Texte wurden behutsam modernisiert.

ANNA MARIA ACHENRAINER (1909–1972)

64 Berganemonen

A. M. A.: Appassionata. Gedichte. Innsbruck: Inn-Verlag, [ca. 1949]. S. 25. – © Inn-Verlag, Innsbruck.

ANONYM

22 Unkraut*

Des Knaben Wunderhorn. Alte deutsche Lieder [3 Bde.]. Gesammelt von Achim von Arnim und Clemens Brentano. Kritische Ausgabe. 1. Bd. Hrsg. von Heinz Rölleke. Stuttgart: Reclam, 1987. S. 187 f. [Reclams Universal-Bibliothek. 1250.]

ERNST MORITZ ARNDT (1769–1860)

57 Das Marienblümchen

E. M. A.: Gedichte. Der neuen Ausgabe zweite vermehrte Auflage. Leipzig: Weidmann'sche Buchhandlung, 1843. S. 179 f.

ROSE AUSLÄNDER (1901–1988)

49 Der Löwenzahn

R. A.: Gesammelte Werke in sieben Bänden. Hrsg. von Helmut Braun. Bd. 2: Die Sichel mäht die Zeit zu Heu. Gedichte 1957–1965. Frankfurt a. M.: S. Fischer, 1985. S. 218. – © 1985 S. Fischer Verlag GmbH, Frankfurt a. M.

114 GOTTFRIED BENN (1886–1956)

93 Anemone

G. B.: Statische Gedichte. Hrsg. von Paul Raabe. Zürich/Hamburg: Arche, 1948. – © 1948, 2006 by Arche Literatur Verlag AG, Zürich/Hamburg.

JOHANNES BOBROWSKI (1917–1965)

29 Ackerwinde

J. B.: Gesammelte Werke in sechs Bänden. 2. Bd.: Gedichte aus dem Nachlaß. München: Deutsche Verlags-Anstalt, 1998. – © 1998 Deutsche Verlags-Anstalt, München, in der Penguin Random House Verlagsgruppe GmbH.

BARTHOLD HINRICH BROCKES (1680–1747)

69 Die Wasser-Linsen*

B. H. B.: Irdisches Vergnügen in Gott. [9 Bde.]. Bd. 2: Zweyter Theil. Nach fernerer Vermehrung zum viertenmal hrsg. von B. J. Zinck. Nachdruck der Ausgabe des Verlages Christian Herold, 1739. Bern: Herbert Lang, 1970. S. 104 f.

MAX DAUTHENDEY (1867–1918)

18 (1) Und auch den Äckern gingen Augen auf*

72 (2) Schilfrohr*

M. D.: Gesammelte Werke in sechs Bänden. Bd. 4: Lyrik und kleinere Versdichtungen. München: Verlag Albert Langen, 1925. S. 286 (1), S. 317 (2).

RICHARD DEHMEL (1863–1920)

50 Puhstemuhme*

R. D.: Gesammelte Werke in zehn Bänden. Bd. 6: Der Kindergarten. Gedichte Spiele und Geschichten für Kinder und Eltern jeder Art. Berlin: S. Fischer, 1908. S. 34.

ANNETTE VON DROSTE-HÜLSHOFF (1797–1848)

71 Die Wasserfäden*

A. von D.-H.: Historisch-kritische Ausgabe. Werke. Briefwechsel [14 Bde.]. Hrsg. von Winfried Woesler. Band I,1: Gedichte zu Lebzeiten. Text. Tübingen: Max Niemeyer Verlag, 1985. S. 44 f.

HEINZ ERHARDT (1909–1979)

56 Gänseblümchen

H. E.: Die Gedichte. Mit Illustrationen von Jutta Bauer. 3. Aufl. Hamburg: Lappan Verlag, 2016. S. 17. – © 2015 Lappan in der Carlsen Verlag GmbH, Hamburg.

GUSTAV FALKE (1853–1916)

20 (1) Das Mohnfeld

84 (2) Stranddistel*

G. F.: Tanz und Andacht. Gedichte. Hamburg: Alfred Janssen, 1912. S. 38 f. (1)

G. F.: Der Schnitter. Gedichte. Hamburg/Berlin: Alfred Janssen, 1912. S. 40. (2)

116 AUGUST FREUDENTHAL (1851–1898)

101 Der Blumenfreund*
A. F.: Gedichte. Zweite, vermehrte Auflage. Bremen: Verlag von Carl Schünemann, 1888. S. 258.

EMANUEL GEIBEL (1815–1884)

75 Die stille Wasserrose [Titel vom Hrsg.]
E. G.: Werke [3 Bde.]. Hrsg. von Wolfgang Stammler. Kritisch durchges. und erläuterte Ausgabe. Erster Band. Leipzig/Wien: Bibliographisches Institut, [1920]. S. 38.

STEFAN GEORGE (1868–1933)

23 Juli-Schwermut*
S. G.: Der Teppich des Lebens und die Lieder von Traum und Tod. Gesamt-Ausgabe der Werke. Bd. 5. Berlin: Georg Bondi, 1932. S. 72 f.

KARL GEROK (1815–1890)

52 Herrgottsbrot*
K. G.: Unter dem Abendstern. Gedichte. 2. Aufl. Stuttgart: Greiner & Pfeiffer, 1887. S. 29 f.

HERMANN VON GILM (1812–1864)

61 Die Zeitlose*
H. von G.: Gedichte. Gesamtausgabe. Hrsg. von Rudolf Heinrich Greinz. Leipzig: Reclam, [1894]. S. 87 f.

43 Betrachtung des Grases, als er spazieren ging*
Wir vergehn wie Rauch von starken Winden. Deutsche
Gedichte des 17. Jahrhunderts [2 Bde.]. Hrsg. von Eber-
hard Haufe. Bd. 2. Berlin: Rütten & Loening, 1985. S. 29 f.

JOHANN WOLFGANG GOETHE (1749–1832)

89 Gefunden*
J. W. G.: Sämtliche Werke. Briefe, Tagebücher und Ge-
spräche. Vierzig Bände. Hrsg. von Hendrik Birus [u. a.].
I. Abteilung: Sämtliche Werke. Bd. 2: Gedichte 1800–
1832. Hrsg. von Karl Eibl. Frankfurt a. M.: Deutscher
Klassiker Verlag, 1988. S. 20.

MARTIN GREIF (1839–1911)

73 Am Schilfe*
M. G.: Gedichte. 2. Aufl. Stuttgart: Verlag der J. G.
Cotta'schen Buchhandlung, 1881. S. 36 f.

KAROLINE VON GÜNDERRODE (1780–1806)

109 Der Knabe und das Vergismeinnicht*
K. von G.: Sämtliche Werke und ausgewählte Studien.
Historisch-kritische Ausgabe [3 Bde.]. Hrsg. von Walter
Morgenthaler. Bd. 1: Texte. Hrsg. von Walter Morgen-
thaler unter Mitarbeit von Karin Obermeier und Mari-
anne Graf. Basel: Stroemfeld / Roter Stern, 1990. S. 387.

118 PETER HACKS (1928–2003)

24 Königskerze

P. H.: Werke [15 Bde.]. Bd. 1: Die Gedichte. Lieder zu
Stücken. Gesellschaftsverse. Liebesgedichte. Berlin:
Eulenspiegel, 2003. S. 270. – © 2003 Eulenspiegel Verlag,
Berlin.

ULLA HAHN (geb. 1946)

53 Schaumkraut

U. H.: Gesammelte Gedichte. München: Deutsche
Verlags-Anstalt, 2013. – © 2013 Deutsche Verlags-Anstalt,
München, in der Penguin Random House Verlagsgruppe
GmbH.

ROBERT HAMERLING (1830–1889)

78 Aus dem Frühlingsalbum des Botanikers*

R. H.: Werke. Auswahl in zehn Teilen. Mit einem Le-
bensbild und Einleitungen von Michael Maria Raben-
lechner. Vierter Teil: Sinnen und Minnen. Leipzig: Hesse
& Becker Verlag, [1916]. S. 154. [5. Strophe.]

FRIEDRICH HEBBEL (1813–1863)

108 Auf eine Belladonna*

F. H.: Sämtliche Werke in zwölf Bänden. Hrsg. von
Hermann Krumm. Erster Band: Biographisch-kritische
Einleitung. Gedichte I. Leipzig: Hesse & Becker Verlag,
[ca. 1913]. S. 221.

HEINRICH HEINE (1797–1856)

77 Die schlanke Wasserlilie [Titel vom Hrsg.]

H. H.: Neue Gedichte. Hamburg: Hoffmann und Campe,
1844. S. 22.

110 Meine Blume*

J. G. H.: Werke [24 Bde.]. Nach den besten Quellen re-
vidirte Ausgabe. Erster Theil: Gedichte. Hrsg. und mit
Anm. von Heinrich Düntzer. Berlin: Gustav Hempel,
[1879]. S. 150 f.

HERMANN HESSE (1877–1962)

63 Enzianblüte

H. H.: Sämtliche Werke in 20 Bänden. Hrsg. von Volker
Michels. Bd. 10: Die Gedichte. Frankfurt a. M.: Suhrkamp,
2002. – © 2002 Suhrkamp Verlag, Frankfurt a. M. Alle
Rechte bei und vorbehalten durch Suhrkamp Verlag
Berlin.

FRIDOLIN HOFER (1861–1940)

90 Waldmeister

F. H.: Daheim. Neue Gedichte. Luzern: Eugen Haag,
1918. S. 32.

AUGUST HEINRICH HOFFMANN VON
FALLERSLEBEN (1798–1874)

85 *Der Halm, der auf der Düne steht**

A. H. H. von F.: Hoffmann's von Fallersleben Gesam-
melte Werke [8 Bde.]. Hrsg. von Heinrich Gerstenberg.
Erster Band: Lyrische Gedichte. Berlin: F. Fontane, 1890.
S. 297 f.

LUDWIG CHRISTOPH HEINRICH HÖLTY (1748–1776)

104 An ein Veilchen*

L. C. H. H.: Sämtliche Werke. Kritisch und chronologisch
hrsg. von Wilhelm Michael. Bd. 1. Weimar: Gesellschaft
der Bibliophilen, 1914. S. 97.

120 HEINZ KAHLAU (1931–2012)

25 Der Rittersporn
81 Die Sumpfdotterblume
H. K. / Gerhard Lahr: Der Rittersporn blüht blau im
Korn. Illustrationen von Gerhard Lahr. Weinheim/Basel:
Der KinderbuchVerlag, 2009. [o. S.] – © 2009 Der KinderbuchVerlag in der Verlagsgruppe Beltz, Weinheim/
Basel.

ERICH KÄSTNER (1899–1974)

34 Eine Mutfrage
E. K.: Kurz und bündig. Zürich: Atrium, 1948. – © 1948
Atrium Verlag, Zürich, und Thomas Kästner.

THEODOR KRAMER (1897–1958)

62 Der Steinbrech
T. K.: Gesammelte Gedichte [3 Bde.]. Hrsg. von Erwin
Chvojka. Bd. 1. Wien: Paul Zsolnay Verlag, 2005. –
© 2005 Paul Zsolnay Verlag GmbH, Wien.

REINER KUNZE (geb. 1933)

38 Hirtentäschel
R. K.: Was macht die Biene auf dem Meer? Gedichte
für Kinder, Mütter, Väter, Großmütter und Großväter.
Mit Bildern von Horst Sauerbruch. Frankfurt a. M.: S.
Fischer, 2011. S. 51. – © 2011 S. Fischer Verlag GmbH,
Frankfurt a. M.

ISOLDE KURZ (1853–1944)

35 Wegwarte
I. K.: Gesammelte Werke [6 Bde.]. Erster Band. München: Georg Müller, 1925. S. 59 f.

83 Strandhafer
C. A. L.: Sylt. Verse um Insel und Meer. Aus dem Nach-
laß hrsg. von Frieda Lange-Dudler. Hamburg: Hans
Christians Verlag, 1981. S. 8. – Mit Genehmigung von
Erika Lange.

HEINRICH LANGE (1821–1893)

97 Immergrün*
H. L.: Gedichte. Erster Band. 2. Aufl. Philadelphia:
Verlag von H. A. Lange, 1873. S. 32.

WILHELM LEHMANN (1882–1968)

106 Schattenblume
W. L.: Gesammelte Werke in acht Bänden. Hrsg. von
Agathe Weigel-Lehmann, Hans Dieter Schäfer und
Bernhard Zeller. Bd. 1: Sämtliche Gedichte. Hrsg. von
Hans Dieter Schäfer. Stuttgart: Klett-Cotta, 1982. S. 78. –
© 1982 Klett-Cotta, Stuttgart.

HANS LEIFHELM (1891–1947)

65 Die Bergblumen
H. L.: Sämtliche Gedichte. Hrsg. von Norbert Langer.
Salzburg: Otto Müller Verlag, 1955. S. 99 f.

DETLEV VON LILIENCRON (1844–1909)

17 Blümekens
D. von L.: Sämtliche Werke, Bd. 8: Kämpfe und Ziele.
Der Gesammelten Gedichte zweiter Band. 6. Aufl.
Berlin/Leipzig: Schuster & Loeffler, [1907]. S. 95.

122 HERMANN LINGG (1820–1905)

  99 Akelei*
       H. L.: Gedichte. Zweiter Band. 3. Aufl. Stuttgart: Verlag
       der J. G. Cotta'schen Buchhandlung, 1874. S. 166 f.

  OSKAR LOERKE (1884–1941)

  96 Reime zu einem Maistrauß*
       O. L.: Die Abschiedshand. Letzte Gedichte. Mit einem
       Nachwort von Hermann Kasack. Berlin: Suhrkamp, 1949.

  HERMANN LÖNS (1866–1914)

  37 (1) Wegewarte*
  59 (2) Männertreu*
       H. L.: Sämtliche Werke in acht Bänden. Hrsg. von Fried-
       rich Castelle. Erster Band. Leipzig: Hesse & Becker Ver-
       lag, 1923. S. 304 (1), S. 321 (2).

  JOHANN MEYER (1829–1904)

  91 Primula!*
       J. M.: Hochdeutsche Gedichte. 2. Aufl. Kiel: Lipsius &
       Tischer, [ca. 1896]. S. 4.

  CHRISTIAN MORGENSTERN (1871–1914)

  55 Margerite
       C. M.: Werke und Briefe. Stuttgarter Ausgabe. Bd. I:
       Lyrik 1887–1905. Hrsg. von Martin Kießig. Stuttgart:
       Urachhaus, 1988. S. 331.

111 Blümlein Vergißmein*
W. M.: Werke. Tagebücher. Briefe. Hrsg. von Maria-
Verena Leistner. Mit einer Einl. von Bernd Leistner. Bd. 1:
Gedichte I. Berlin: Verlag Mathias Gatza, 1994. S. 59 f.

ADOLF PICHLER (1819–1900)

30 Die Trespe
A. P.: Gesammelte Werke [17 Bde.]. Bd. XV: Spätfrüchte.
Gedichte verschiedener Art. 2. Aufl. München/Leipzig:
Georg Müller, 1907. S. 208.

AUGUST VON PLATEN (1796–1835)

82 *Im Wasser wogt die Lilie, die blanke, hin und her**
A. von P.: August Graf von Platens sämtliche Werke in
zwölf Bänden. Historisch-kritische Ausgabe mit Ein-
schluß des handschriftlichen Nachlasses. Hrsg. von Max
Koch und Erich Petzet. Dritter Band: Gedichte. Zweiter
Teil: Ghaselen / Sonette. Hrsg. von Max Koch. Leipzig:
Hesse & Becker Verlag, [o. J.]. S. 27.

RAINER MARIA RILKE (1875–1926)

94 *Blumenmuskel, der der Anemone**
R. M. R.: Die Gedichte. Nach der von Ernst Zinn besorg-
ten Edition der Sämtlichen Werke (Insel Verlag 1957).
3. Aufl. Frankfurt a. M.: Insel, 1987. S. 697 f.

JOACHIM RINGELNATZ (1883–1934)

31 Arm Kräutchen
J. R.: Das Gesamtwerk in sieben Bänden. Bd. 2: Gedich-
te. Zürich: Diogenes, 1994. S. 14 f.

124 AUGUST RÖPKE (1855–1927)

95 Märzglöckchen*
A. R.: Wald- und Wiesenblumen. Gedichte. Wolfenbüttel: Verlag Julius Zwißler, [1887]. S. 12.

FRIEDRICH RÜCKERT (1788–1866)

51 Primula veris*
F. R.: Kindertodtenlieder aus seinem Nachlasse. Frankfurt a. M.: Sauerländer, 1872. S. 217 f.

MORITZ GOTTLIEB SAPHIR (1795–1858)

79 *In dem Teiche wachsen Blumen**
M. G. S.: Schriften. Gesamt-Ausgabe [26 Bde.]. Stereotyp-Auflage. Bd. 21. Brünn/Wien/Leipzig: Verlag von Fr. Karasiat, [ca. 1880]. S. 205.

JOSEPH VICTOR VON SCHEFFEL (1826–1886)

32 Die Distel*
J. V. von S.: Joseph Victor von Scheffels sämtliche Werke [10 Bde.]. Hrsg. von Johannes Franke. Neunter Band: Gesammelte Gedichte. Leipzig: Hesse & Becker Verlag, [ca. 1917]. S. 138.

FRIEDRICH SCHNACK (1888–1977)

47 Das Zittergras
F. S.: Gesammelte Werke in zwei Bänden. Zweiter Band: Der glückselige Gärtner. Hamburg: Rütten & Loening, 1961. S. 566. – Mit Genehmigung von Egil Schnack, München.

ALOYS SCHREIBER (1761–1841)
48 An die Blumen*
        A. S.: Gedichte. Düsseldorf: J. H. C. Schreiner, 1801.
        S. 311.

LUDWIG TIECK (1773–1853)
105 Veilchen
        L. T.: Schriften in zwölf Bänden. Hrsg. von Manfred
        Frank, Achim Hölter, Uwe Schweikert und Ruprecht
        Wimmer. Bd. 7: Gedichte. Hrsg. von Ruprecht Wimmer.
        Frankfurt a. M.: Deutscher Klassiker Verlag, 1995. S. 51.

LEOPOLD TRATTINNICK (1764–1849)
40 Holosteum umbellatum*
        L. T.: Oesterreichischer Blumenkranz. Wien:
        Anton Strauß, 1819. S. 62.

JOHANNES TROJAN (1837–1915)
19 Kornblumen*
        J. T.: Gedichte. 3. Aufl. Stuttgart/Berlin: J. G. Cotta'sche
        Buchhandlung Nachfolger, 1912. S. 122.

GEORG VON DER VRING (1889–1968)
21 Mohn
        G. von der V.: Die Gedichte. Gesamtausgabe der veröf-
        fentlichten Gedichte und eine Auswahl aus dem Nach-
        lass. Mit einem Nachwort von Christoph Meckel. Hrsg.
        von Christiane Peter und Kristian Wachinger. 2. Aufl.
        München: Verlag C. H. Beck, vormals Langewiesche
        Brandt, 1996. S. 224. – © 1996 Verlag C. H. Beck, vormals
        Langewiesche Brandt, München.

126 KARL HEINRICH WAGGERL (1897–1973)

102 Scharbockskraut

K. H. W.: Heiteres Herbarium. Blumen und Verse.
44. Aufl. Salzbug: Otto Müller Verlag, 2002. S. 22. –
©2002 Otto Müller Verlag, Salzburg.

CHRISTIAN WAGNER (1835–1918)

33 (1) Distelhäupter am Weg

103 (2) Das Blümlein Rührmichnichtan*

C. W.: Gedichte. Ausgew. und eingel. von Hermann
Hesse. Mit einem Nachwort von Peter Handke.
4. Aufl. Frankfurt a. M.: Suhrkamp, 1980. S. 69 (1),
S. 91 (2).

JAN WAGNER (geb. 1971)

39 melde

J. W.: Regentonnenvariationen. Gedichte. Berlin:
Hanser, 2014. S. 26. – © 2014 Hanser Berlin in der
Carl Hanser Verlag GmbH & Co. KG, München.

JOSEF WEINHEBER (1892–1945)

26 (1) Taubnesseln*

45 (2) Im Grase

107 (3) Zyklamen*

J. W.: Sämtliche Werke [5 Bde.]. Hrsg. von Josef Nadler
und Hedwig Weinheber. II. Bd.: Gedichte / Zweiter Teil.
Salzburg: Otto Müller Verlag, 1954. S. 104 f. (1), S. 240 f.
(2), S. 110 f. (3)

FRANZ WERFEL (1890–1945)

60 Herbstzeitlosen
F. W.: Gesammelte Werke. Das lyrische Werk. Hrsg.
von Adolf D. Klarmann. Frankfurt a. M.: S. Fischer, 1967.
S. 335.

HEINRICH ZEISE (1822–1914)

80 Sonnenthau. Drosera rotundifolia*
H. Z.: Aus meiner Liedermappe. Gedichte. 2. Aufl.
Hannover: Weichelt, 1883. S. 35.

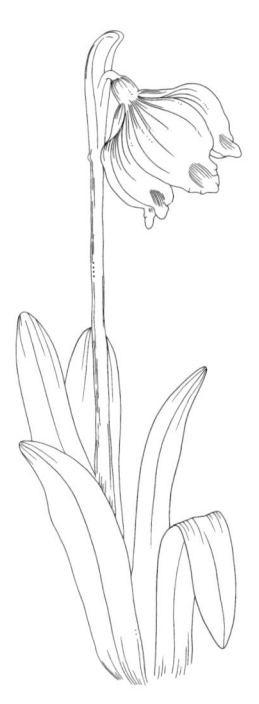